RÉPONSE

A UNE

BROCHURE ANONYME

CONTRE

L'ARRÊT DE LA COUR DE DOUAI

RÉPONSE

A UNE BROCHURE ANONYME

CONTRE L'ARRÊT DE LA

COUR DE DOUAI

PAR

J. MIRÈS

PARIS

IMPRIMERIE VALLÉE ET Ce, RUE BREDA, 15

1862

RÉPONSE [1]

A UNE

BROCHURE ANONYME

CONTRE

L'ARRÊT DE LA COUR DE DOUAI

Lorsqu'en 1861, le tribunal et la Cour de Paris me frappaient, personne n'osa élever la voix pour critiquer leur décision ; cependant, j'étais condamné en vertu d'une expertise faite sans moi, contre moi, pendant que j'étais au secret !

L'arrêt de la Cour de Douai, rendu en ma faveur, après des débats solennels, n'a pas joui du bénéfice assuré en France à la chose jugée, et *une brochure anonyme* a pu impunément attaquer l'autorité de cet arrêt !...

Cependant quelle est celle de ces décisions judiciaires que le public avait accueillie avec un sentiment visible de satisfaction ? Il suffit de rappeler l'approbation unanime qu'a rencontrée la cassation prononcée le 28 dé–

[1] Cet écrit était destiné à être publié dans les journaux, les difficultés que j'ai rencontrées me forcent à le publier en brochure, ce que je fais sans modification.

cembre 1861 par la Cour suprême, pour s'assurer de l'impression qu'avaient produite les décisions de 1861.

Si l'on se rappelle ensuite la joie universelle qui s'est manifestée lorsqu'on a appris que la Cour de Douai avait non-seulement prononcé mon acquittement, mais qu'elle avait fait plus encore, qu'elle avait rendu un arrêt de réhabilitation, on reconnaîtra que si une critique pouvait être permise, c'était celle qui eût porté sur le jugement et l'arrêt de Paris.

Mais je ne m'appesantirai pas sur ce désaccord entre l'opinion publique d'une part et les efforts tentés pour modifier le caractère de l'arrêt de Douai; ces appréciations appartiennent à l'histoire, et le temps qui calme toutes les passions rendra aux actes, comme aux hommes, la justice qui leur appartient. Aussi aurais-je laissé passer sans y répondre l'écrit anonyme dont l'origine, du reste, m'est parfaitement connue. Mais des faits nouveaux se produisent qui semblent destinés à amener un courant d'opinion au sein duquel pourraient s'accréditer des erreurs de fait, qui engendreraient peut-être des erreurs de droit. C'est contre ces tendances, c'est pour rétablir les faits, c'est au nom de la vérité que je me décide à répondre à cette brochure, afin d'empêcher, que par de fausses analogies, on n'égare l'opinion.

Les circonstances nouvelles qui me dictent cette conduite sont :

1° Le pourvoi formé par M. le procureur général près la Cour de cassation, par ordre de M. le ministre de la justice, contre l'arrêt de la Cour de Douai;

2° Le procès récent du sieur Serre.

On comprend combien il est nécessaire, pour conserver à l'arrêt de Douai toute son autorité morale au point de vue de mon honneur, que je ne permette pas que les faits soient dénaturés ou présentés avec une certaine perfidie, comme dans l'écrit anonyme auquel je réponds.

Il est évident, en effet, que si une équivoque sur les faits était possible, au moment où la Cour de cassation va de nouveau examiner, dans l'intérêt de la loi, les questions de droit soulevées par ces débats, l'erreur de fait pourrait exercer une certaine influence sur la solution de droit ; et alors peut-être induirait-on, du silence que j'aurais gardé sur l'écrit anonyme en question, la preuve que cet écrit avait bien présenté et sincèrement précisé les faits.

Or, c'est le contraire qui est la vérité, et l'auteur anonyme a commis, sur chaque point de fait qu'il a traité, des erreurs graves qui ne sont pas naturelles de sa part, car cet écrit atteste en même temps une connaissance parfaite de mon procès et la malveillance la plus incontestable.

Ainsi, au début, l'auteur anonyme prétend : « que je » désespérais d'atteindre le triomphe imprévu d'une cause » que chacun croyait perdue. »

Où donc l'auteur a-t-il vu que je désespérais de ma cause, lorsque je ne demandais qu'à faire la lumière, lorsque la cour suprême avait cassé l'arrêt de la cour de Paris pour violation du droit de la défense, lorsque je circonscrivais la question en ces termes : « Une condamnation sans défense ou une expertise contradictoire ? »

Pouvais-je désespérer de ma cause lorsqu'elle était soumise à des magistrats auxquels j'offrais la preuve de ma probité et de la loyauté de mes actes ?

Et le changement même de la personne de mes défenseurs n'était-il pas une preuve de la foi que j'avais dans ma cause, puisque je m'étais privé du concours si précieux de Me Crémieux, uniquement parce qu'en finissant sa plaidoirie devant la cour impériale de Paris, il avait demandé pour moi l'indulgence des juges.

Et mes nouveaux défenseurs, MM. de Sèze et Nouguier, ne diraient-ils pas avec quelle confiance, quelle tranquillité de conscience j'abordai les débats? Et mon interrogatoire, conçu en termes tels qu'il a fait dire à un conseiller de la Cour de Douai ces paroles si profondes : « Cet » homme est un audacieux comme il n'y en a pas, ou une » victime comme il n'y en a plus !... » cet interrogatoire ne respirait-il pas la confiance que j'avais dans ma cause ?

L'auteur anonyme dit encore « que chacun croyait » ma cause perdue. » Pourquoi l'opinion n'était-elle pas éclairée ? parce que l'expertise préparée sans moi, contre moi, était la seule pièce qui eût servi de base au tribunal et à la Cour de Paris. Mais les hommes qui avaient étudié ce procès étaient unanimes pour conclure en faveur d'un acquittement d'emblée, ou d'une expertise nouvelle ; malgré les conclusions du ministère public qui repoussaient toute vérification nouvelle, il n'était venu à la pensée de personne que la Cour de Douai pût refuser l'examen contradictoire de l'expertise, en présence surtout de l'arrêt de la Cour suprême.

Cette opinion, émise par Me Berryer après une étude du dossier, était reproduite, dans les termes de la lettre que Me Jules Favre m'a fait l'honneur de m'adresser le 20 février dernier :

« J'ai parcouru les documents que vous m'avez envoyés, » dit l'honorable bâtonnier, je me suis pénétré des obliga-

» tions imposées pour votre défense, et je suis arrivé
» aux mêmes conclusions que mon honorable confrère
» Me Berryer . . . .
» . . . .
» . . . . *La cour ordonnera certainement une*
» *nouvelle expertise, peut-être vous acquittera-t-elle*
» *d'emblée.* Mais je ne puis être celui qui aura l'honneur
» d'obtenir ce résultat . . . .

» Je suis fort peiné de vous transmettre une semblable
» résolution, elle m'est dictée par de mûres réflexions et
» par le sentiment très-vif de votre intérêt et des exigences
» de ma situation personnelle. »

Après de tels exemples, s'il était permis de dire comme le fait l'auteur anonyme, que chacun croyait ma cause perdue, c'est évidemment parce que la lumière n'avait pas été faite, et nul ne m'accusera d'avoir contribué aux erreurs de l'expertise, rédigée contre moi, sans moi, pendant que j'étais au secret.

L'auteur anonyme aborde ensuite le point du débat qui, sans doute, va être discuté devant la Cour suprême, par suite du pourvoi formé par ordre de M. le Ministre de la justice, contre l'arrêt de la cour de Douai. Il s'agit de fixer la nature et la portée de ce qu'on appelle le compte courant.

Est-ce *un simple cadre de comptabilité*, comme l'a dit la Cour de Paris dans son arrêt du 25 mars 1862? Est-ce un contrat, comme le soutient la cour de Douai dans le considérant suivant :

« Que le compte courant, constituant deux négociants
» respectivement créanciers de titres et de valeurs, revêt

» par la continuité même de ses opérations, de l'avis des
» auteurs comme de celui des magistrats, le caractère
» d'un véritable contrat, qu'il n'est donc pas un simple
» cadre de comptabilité; que lorsque des opérations de
» même nature interviennent entre un banquier et un
» simple particulier, elles entraînent les mêmes relations
» et font naître le même contrat. »

Telle est la question qui divise les deux Cours, tel est le véritable champ de la discussion, car les questions de dépôt et de nantissement n'ont pas été réveillées, et l'auteur de la brochure passe condamnation sur tous les points du procès, autres que celui résultant de cette appréciation du contrat de compte-courant.

La question semble donc réduite à un point de droit abstrait; mais on va voir combien il est nécessaire que les faits soient bien connus pour qu'une saine appréciation soit possible, combien il est utile que les analogies invoquées par l'auteur de la brochure soient approfondies de manière à dissiper toute confusion.

Je lis dans cette brochure les deux paragraphes suivants :

« L'arrêt du 21 avril, quoique rendu en matière correction-
» nelle, et ne pouvant avoir d'autre objet que de bien constater
» l'innocence de M. Mirès, contient donc, dans la portion de
» ses considérants que nous examinons, le germe d'une juris-
» prudence dont l'influence, si elle venait à s'établir, serait
» une véritable révolution dans les habitudes du commerce.

» En effet, c'est ici le lieu de relever une erreur de fait qui
» s'est glissée dans l'arrêt du 21 avril. Il est possible que
» M. Mirès n'ait pas été le seul à pratiquer la convention dont
» nous étudions le caractère; MM. Pegot-Ogier et Millaud, je le

» crois, et quelques autres encore, l'avaient adoptée, mais
» cette pratique n'a jamais été celle d'aucun de nos grands
» établissements de crédit. Ni la *Banque*, ni le *Comptoir d'es-*
» *compte*, ni le *Crédit foncier*, ni le *Crédit mobilier*, ni le *Sous-*
» *Comptoir du commerce et de l'industrie*, ni le *Crédit commercial*
» *et industriel*, ne l'ont jamais suivie; elle n'est pas moins étran-
» gère aux principales maisons de banque. MM. Mallet, Roth-
» schild, Hottinger, Dassier, Seillières, Marcuard, Pillet-Will,
» ne la connaissaient point; l'invention est tout à fait nouvelle
» et vaut la peine qu'on l'examine. »

Le but que poursuivait l'auteur de la brochure se dévoile tout entier dans ces lignes; il s'agissait de m'atteindre à la fois par le rapprochement et par la distinction des noms.

Par le rapprochement avec des noms frappés par la justice.

Par la distinction avec les établissements de banque les plus justement considérés.

Et d'abord, je demanderai à l'auteur anonyme pourquoi, dans ses comparaisons, il a omis de parler des agents de change, puisque ces officiers ministériels sont les intermédiaires obligés de toute transaction en matière de valeurs mobilières, de ces mêmes valeurs sur lesquelles s'établissent le plus souvent les comptes courants dont le caractère est en discussion aujourd'hui?

Cette omission est d'autant plus inexplicable que les agents de change sont soumis à la surveillance de l'autorité supérieure et que la gestion de leur office n'est un secret ni pour la chambre syndicale, ni pour le Ministre des finances. Leurs usages en matière de compte courant doivent par conséquent être consultés avec soin.

Il importe donc avant tout, pour combler cette lacune,

volontaire ou non, de la brochure anonyme, d'examiner ce qui se passe chez les agents de change, et l'on verra si là ne se trouve pas précisément une très-grande analogie.

Un client remet une somme d'argent à un agent de change pour acheter un nombre d'actions quelconque, cette somme est insuffisante et néanmoins l'agent de change achète ; cela se pratique chaque jour.

De là naît un compte courant entre l'agent de change et son client. Quels sont les droits qui résultent pour chacun d'une telle situation ?

Si l'agent de change adresse à son client les numéros des titres achetés, ces titres ainsi individualisés deviennent un gage qui équivaut dans une certaine mesure à un nantissement, car le client ne s'opposerait pas à l'accomplissement des formalités légales, et l'agent de change ne doit imputer qu'à lui-même le préjudice qui peut résulter de l'absence de ces formalités s'il arrive que son client tombe en faillite, et que les créanciers revendiquent les titres dont les numéros sont en la possession du failli.

Mais si l'agent de change n'a remis à son client aucune indication de numéros, quelle sera la nature des relations engagées entre ces deux commerçants, l'un débiteur de titres au porteur, l'autre débiteur d'une portion du prix de ces titres ?

Si dans cette situation le client tombe en faillite, quelle revendication pourra former le syndic qui n'est pas en mesure de préciser, ni d'indiquer par leurs numéros, les titres appartenant au failli ? Il est probable qu'il ne réclamera que la différence entre le montant du débit et la valeur effective des titres au jour du règlement.

N'est-ce pas la conséquence ordinaire de tous les comptes courants et ne retrouve-t-on pas dans cet exemple la consécration de la doctrine de la cour de Douai ?

Je n'ai pas voulu aborder tous les autres cas qui naîtraient soit d'un vol, soit d'un incendie, qui tous m'auraient conduit à la même conséquence, j'ai cherché dans un exemple essentiellement commercial la démonstration que je voulais faire, parce qu'il s'agissait de déterminer le caractère du compte courant commercial.

L'exemple des agents de change, négligé par l'auteur de la brochure, suffirait à prouver que l'arrêt de Douai ne renferme pas, comme le dit l'auteur anonyme, le « *germe d'une jurisprudence nouvelle destinée à faire une* » *révolution dans les habitudes du commerce.* » Cet exemple prouve au contraire que la Cour de Douai a visé pour ainsi dire les habitudes du commerce dans ce qu'elles ont de plus usuel, de plus pratique.

Je m'y suis arrêté pour un autre motif, d'abord parce que cet exemple renferme le double caractère du mandat et de l'avance sur valeur mobilière et qu'à ce double point de vue, il présente une application plus formelle de la doctrine de la Cour de Douai ; ensuite parce que ce contrat est né entre un client et un officier ministériel ; enfin parce qu'à tous les égards ce contrat revêt un caractère pour ainsi dire plus solennel, que celui qui naît d'une simple avance de fonds demandée à un banquier ou à un établissement financier, puisque *le provocateur* du contrat est censé en connaître, mieux que personne, la portée et les conditions.

Sous d'autres rapports, était-il logique de négliger les agents de change parmi les analogies que l'auteur invoquait, lorsque les usages ordinaires de ces officiers ministériels présentent des enseignements précieux?

N'est-il pas vrai que les agents de change considèrent tellement les valeurs au porteur non spécialisées par les numéros, comme des billets de banque, qu'ils se prêtent mutuellement ces titres entre eux, comme ils le feraient pour des espèces ?

N'est-il pas vrai que ces titres prêtés sont des valeurs dont ces officiers ministériels ne sont pas propriétaires, et qu'ils ne détiennent que par suite des comptes courants ouverts à leurs clients ?

Enfin, entrant plus particulièrement dans la pratique des affaires qui se rapportent spécialement aux valeurs mobilières, je citerai un extrait d'un mémoire que j'avais rédigé pour la Cour de cassation. Cet extrait est précisément relatif à la question des comptes courants; j'invoquais comme analogie avec la Caisse générale des chemins de fer les emprunts sur titres qui se font à la Bourse par l'intermédiaire des agents de change, je démontrais combien le système suivi par la Caisse des chemins de fer était plus avantageux pour les clients, et j'ai quelques raisons de croire que c'est parce que l'auteur anonyme auquel je réponds, a eu connaissance de ce mémoire, qu'avec une préméditation pour ainsi dire calculée, il a exclu de ses analogies les usages qui se pratiquent chez les agents de change. Voici du reste cet extrait :

« A la Bourse, en échange de la somme prêtée, les titres » deviennent la propriété du prêteur jusqu'à l'échéance du » prêt, c'est-à-dire jusqu'à la fin du mois; pendant cet inter- » valle le prêteur conserve la pleine et entière propriété des » actions, et il n'est même pas tenu de rendre les mêmes nu-

» méros, à moins qu'il y ait à cet égard condition expresse. Si, » à l'échéance, l'emprunteur ne rembourse pas, la vente des » titres est opérée pour son compte, sans mise en demeure, et » la perte en résultant reste à sa charge ; perte pour laquelle » il peut être poursuivi, attendu que l'opération rentre dans » la nature des affaires régulières, sérieuses ou légales, que la » loi n'a pas interdites.

» Quelle est la différence entre ce contrat et celui résultant » du compte courant ouvert par la Caisse des chemins de » fer ?

» Par le premier, *la propriété* du titre passe *au prêteur*, qui » ne doit que des titres de même nature, c'est-à-dire sans in- » dication de numéros.

» Par le compte courant, la propriété passait également à la » Caisse des chemins de fer.

» Par le premier contrat, l'emprunteur doit rembourser à une » époque fixe.

» Par le compte courant, l'époque n'était pas fixée, mais elle » devenait obligatoire le jour où l'emprunteur demandait les » titres, comme le jour où le prêteur demandait l'argent.

» Par le premier contrat, l'emprunt étant fait sous forme de » report, il en résulte que la faillite de l'emprunteur n'atteint » pas le prêteur.

» Par le compte courant, au contraire, la faillite de l'emprun- » teur fait rentrer dans son actif les titres remis en compte » courant, et l'avance faite devient une créance chirographaire.

» Ainsi les différences sont toutes à l'avantage de l'emprun- » teur par compte courant.

» Maintenant, quel est pour l'emprunteur le caractère de » l'opération qu'il a faite en empruntant à la Caisse des che- » mins de fer, au lieu d'avoir recours à un agent de change ? » Je prends pour exemple de ma démonstration l'un des clients » invoqués par l'instruction dirigée contre moi.

» M. Alyon possède 100 actions des Chemins autrichiens,

» sur lesquels il a emprunté à la Caisse des chemins de fer, en » mars 1857, une somme qui s'élevait, le 30 avril 1859, » à 40,518 francs.

» Du mois de mars 1857 au mois d'avril 1859 il s'est écoulé » vingt-cinq mois, et si le sieur Alyon eût emprunté à la Bourse » par un agent de change, il aurait eu à payer chaque quin- » zaine un courtage d'environ 80 centimes par action, ce qui » aurait élevé sa dépense, pour seulement le courtage, à 40 fr. » par actions, soit 4,000 francs pour 100 actions. Il aurait dû » payer, en outre, et indépendamment de cette somme, l'intérêt » qui a été en moyenne, pendant cette période, de 6 p. 0/0. » L'interêt se serait ainsi élevé pour lui de 10 à 11 p. 0/0 » par an.

» Pourquoi M. Alyon n'a-t-il pas eu recours à la Bourse pour » faire son emprunt?

» Pourquoi n'a-t-il pas vendu ses titres?

» Il ne vendait pas ses titres, parce qu'il espérait la hausse, et » ainsi les vendre avec bénéfice. Dans cette pensée spéculatrice, » il avait cherché par quels moyens il pourrait être à la hausse » sans subir les conditions onéreuses d'un emprunt à la Bourse » par l'intermédiaire d'un agent de change; et ce moyen il l'avait » trouvé par le compte courant ouvert à la Caisse des chemins » de fer.

» En effet, l'intérêt qu'il payait à la Caisse était fixé à 5 p. 0/0 » par an ; or, comme l'action rapportait 7 à 8 p. 0/0, il en résul- » tait que M. Alyon faisait encore un bénéfice, puisque le revenu » de l'action était plus élevé que l'intérêt de la somme avancée, » et qu'il était crédité de ce revenu à chaque semestre.

» De sorte que le système du compte courant offrait à M. Alyon » les avantages suivants :

» 1° Prêt à long terme ;

» 2° Intérêt faible sur la somme avancée, au lieu de l'intérêt et » des frais qui, à la Bourse, se seraient élevés de 10 à 11 p. 0/0 » par an ;

» 3° Bénéfice résultant du dividende excédant l'intérêt prélevé » par la Caisse des chemins de fer pour ses avances ;

» 4° Spéculation à la hausse, sans les charges qu'il eût dû subir, » s'il avait fait sa spéculation à la Bourse.

» Quel avantage ce contrat offrait-il à la Caisse des chemins de » fer ? Uniquement la libre disposition des titres, disposition sans » laquelle cette Société n'aurait pu fonctionner ; car, comme la » Banque de France, elle ne crée pas des billets de banque pour » remplacer les sommes avancées, ni, comme le Comptoir d'es- » compte, elle ne faisait pas faire des billets à ordre escomptables, » pour le montant de ses avances.

» De sorte que si la Caisse des chemins de fer n'avait pas eu la » libre disposition des actions remises en compte courant, elle » cessait d'être un établissement financier dont la mission unique » est précisément le renouvellement incessant de son capital. »

Cet exposé, qui résume si exactement les conséquences du compte courant comme l'a pratiqué la Caisse des chemins de fer, ne prouve-t-il pas en même temps la moralité comme l'utilité des habitudes adoptées par cet établissement financier, et aussi la sagesse de ce considérant de la Cour de Douai : « Que cette opération du compte » courant, sans la libre disposition des titres, se résoudrait » pour les maisons de banque en un établissement de prêt » sur gage, c'est-à-dire en une succursale du mont-de- » piété. »

En définitive, ces usages, ces pratiques, comme on voudra les appeler, pratiques ou usages dont on retrouve la trace uniforme dans toutes les transactions relatives à des valeurs analogues, ne justifient-ils pas la jurisprudence de la Cour de cassation qui a assimilé les valeurs au porteur aux espèces ?

C'est cependant en présence de toutes ces données, acquises à la discussion, que l'auteur anonyme suppose, avec une intention odieuse et perfide, que le contrat de compte courant, comme je l'ai compris, n'était pratiqué que par quelques individualités compromises, dont on place les noms à côté du mien. Mais, sous aucun rapport, ce rapprochement, pour lequel il semble que la brochure ait été faite, ne peut être admis dans un débat sérieux ; je le démontre.

Il s'agit de MM. Pégot-Ogier, Lévêque, et même de M. Serre, qui est en fuite et dont le nom retentissait, il y a peu de jours, devant le tribunal de police correctionnelle.

Qu'était-ce que ces individualités comparativement à la Caisse générale des Chemins de fer, constituée avec un capital de cinquante millions, des statuts, un conseil de surveillance et un conseil de gérance ?

MM. Pégot-Ogier, Serre et Lévêque avaient *cherché dans un système d'avances sur titres un moyen de se procurer des ressources qui leur manquaient.*

Quelle analogie peut-il y avoir entre eux et une société disposant d'un capital entièrement réalisé de 50 millions, et dont le directeur possédait une fortune personnelle de quatre millions avant de devenir gérant de cette société ?

MM. Pégot-Ogier, Serre et Lévêque, faisant des avances pour se procurer des ressources, vendaient les titres de leurs clients dès qu'ils les recevaient. A la Caisse générale des chemins de fer, les titres entraient dans le portefeuille et faisaient l'office des valeurs escomptables. Cela est si vrai que l'expert qui a suivi avec un soin minutieux le mouvement des titres a pu constater leur entrée et leur sortie au moyen des numéros, et n'a pu établir, prouver une seule vente !

De la part de MM. Pégot-Ogier, Serre et Lévêque, la vente des titres était la conséquence forcée de leur situation, puisqu'ils n'avaient pas de capital pour entretenir leurs opérations ; les personnes qui leur remettaient des valeurs ne peuvent donc imputer qu'à leur imprévoyance, de n'avoir pas compris que des gens qui ne possèdent pas, pour ces sortes d'opérations, un capital spécial et très-considérable, ne peuvent faire de pareilles avances avec sécurité pour l'emprunteur ; que ces opérations ne sont possibles que dans les conditions suivantes : 1° par la Banque de France, parce que cette institution a la faculté de battre monnaie ; 2° par des établissements comme le Comptoir d'escompte, le Crédit industriel, etc., etc., parce qu'ils se font remettre des billets par les emprunteurs en sus des titres, et qu'au moyen de ces billets à ordre, ils obtiennent toujours, par leur réescompte à la Banque de France, la disponibilité du capital nécessaire à ces avances sur titres ; 3° enfin par des établissements qui disposent d'un capital commanditaire affecté à ces sortes d'affaires.

Les clients qui ont aveuglément confié leurs titres à MM. Pégot-Ogier, Serres et Lévêque, ont perdu tout ou partie de leur avoir comme cela arrive fréquemment dans les faillites des banquiers. Mais qu'on signale un seul préjudice éprouvé par les clients qui se sont adressés à des sociétés légalement constituées et en possession de capitaux effectivement réalisés ! on ne le pourra pas, on ne citera pas un seul exemple, pas même M. Millaud, parce que le capital social commanditaire formait la garantie des emprunteurs sur titres.

Ainsi, sous aucun rapport, les analogies indiquées par l'auteur anonyme ne sont ni fondées, ni loyales.

Mais en dehors de MM. Pégot-Ogier, Serres et Lévêque, n'y a-t-il pas des banquiers qui sont restés debout et qui continuent à ouvrir à leurs clients des avances en compte courant et sur titres au porteur?

Si je suis bien informé, la Cour de Douai aurait recherché, dans les usages des banquiers, la confirmation de la jurisprudence, comme de sa doctrine du compte courant, et c'est après avoir constaté l'usage et les pratiques suivies qu'elle l'a adoptée.

Cette question, des avances sur titres par les banquiers, au point de vue même où se place la brochure anonyme, mérite un examen tout particulier qui démontrera, je l'espère, que les analogies prises parmi les grandes maisons de banque, ne sont pas plus heureuses que les autres ; mais afin de suivre l'ordre de discussion de mon adversaire, je vais examiner d'abord si une analogie est possible en matière de compte courant entre la Caisse générale des chemins de fer et les établissements financiers cités plus haut.

La Banque de France. — Cet établissement, indépendamment de la faculté qu'il a de battre monnaie pour satisfaire à toutes les demandes d'escompte ou d'avances, *ne peut faire d'affaires pour son compte ;* ses statuts, d'accord avec le bon sens, le lui interdisent.

Ensuite les prêts sont constatés au moyen d'un acte fait en double et dans lequel les titres sont spécialisés par l'indication des numéros, de sorte que si les titres périssent par vol ou par incendie, ils périssent pour compte de l'emprunteur.

Le Comptoir d'escompte, le Crédit foncier, le Sous-Comp-

toir de l'industrie, la Société de Crédit industriel et commercial. — Les statuts de ces sociétés, comme ceux de la Banque de France, *leur interdisent de faire des affaires; leur mission est limitée au rôle d'intermédiaire;* quelle analogie peuvent présenter ces établissements avec des sociétés comme le Crédit mobilier et la Caisse générale des chemins de fer, dont la mission au contraire est de faire des affaires et qui, de plus, ont inséré dans leurs statuts la faculté de faire ces sortes d'avances sur remises de titres?

Si on considère que le Comptoir d'escompte, le Crédit industriel et commercial, etc., etc., indépendamment des titres qu'ils reçoivent en garantie de leurs avances, font souscrire à leur ordre des billets à quatre-vingt-dix jours, billets dont le réescompte assure la reconstitution constante de leur capital, on comprendra la différence très-grande qui existe avec la Caisse générale des chemins de fer qui, en échange de ses prêts, ne recevait pas de billets à ordre escomptables en sus des titres qu'on lui remettait.

Enfin, les sociétés présentées par l'auteur anonyme, comme faisant des opérations analogues à celles de la Caisse des chemins de fer font, comme la Banque de France, des actes en double expédition dans lesquels les titres sont spécialisés par l'inscription des numéros; quelle analogie y a-t-il entre ces actes et le simple récépissé sans indications de numéros remis à ses clients par la Caisse générale des Chemins de fer?

Le Crédit mobilier. — Si je n'ai pas imité l'auteur anonyme en confondant cet établissement avec le Comptoir d'escompte, le Crédit commercial, etc., etc., c'est parce que sa mission n'est pas la même, qu'il a des facultés plus grandes et l'on comprendra facilement que s'il n'en eût pas été ainsi, s'il n'avait pas eu le droit de faire des affaires pour son compte, il n'aurait pas distribué un dividende de 40 p. 0/0, comme il l'a fait en 1855. Indépendamment de cette considération, je ne crois pas me tromper en affirmant que quelquefois le Crédit mobilier a attribué aux valeurs au porteur sans indication de numéro, le caractère de choses fongibles, et qu'il a cru de bonne foi pouvoir disposer des valeurs qui étaient à sa disposition, comme, par exemple, quand il s'est agi de faciliter à certaines compagnies de chemins de fer la réalisation de leur capital.

Pour qu'on n'aille pas plus plus loin que ma pensée, je vais citer nettement le fait auquel je fais allusion.

Lorsque le gouvernement, cédant au vœu des populations, décida la création d'une seconde ligne de Paris à Mulhouse, la compagnie du chemin de Paris à Strasbourg en devint concessionnaire, et fut obligée de doubler son capital actions; en conséquence chaque porteur des 250,000 actions anciennes reçut une action nouvelle.

Mais comment faciliter le versement de 500 fr. par action nouvelle, aux porteurs d'actions anciennes qui n'auraient pas d'argent disponible et leur épargner la nécessité de se défaire de leurs titres, ce qui aurait amené une forte baisse sur les actions anciennes alors cotées à environ 1,100 fr.? Le Crédit mobilier se charge de faire les versements sur les nouvelles actions, à la condition que les actions anciennes lui soient remises en garantie de ses avances et la difficulté financière disparaît.

Certainement le Credit mobilier, lorsqu'il prenait un tel

engagement, n'entendait pas immobiliser un capital aussi considérable, et pour qu'il offrît, dans un but d'intérêt public, de verser pour le compte des anciens actionnaires de Strasbourg, c'est que dans sa pensée les titres au porteur seraient à sa libre et entière disposition. Cette considération explique seule l'opération dans laquelle s'engageait le Crédit mobilier ; et je puis donner la preuve que cette Société avait alors sur le caractère de ces valeurs, la même opinion que la Caisse générale des Chemins de fer, en reproduisant le renseignement qui m'a été donné par un homme très-estimable et très-digne de foi, renseignement destiné à me servir devant la Cour de Douai. Cette personne, ayant profité des avantages offerts par le Crédit mobilier aux actionnaires de l'Est, avait remis cent actions du chemin de Strasbourg; plus tard, ayant redemandé ses titres, il dut attendre plusieurs jours ; un des principaux représentants du Crédit mobilier ne lui cacha pas que ce retard provenait de ce que l'établissement avait dû s'en servir dans l'intérêt des opérations sociales ; et l'explication parut aussi simple à celui qui la reçut qu'à celui qui la donnait. En effet, les titres qui furent rendus ne portaient pas les mêmes numéros que les actions primitivement remises, circonstance que le client remarqua uniquement parce qu'elle confirmait le langage qu'on lui avait tenu.

Mais en présence du procès que j'ai subi, de la jurisprudence qui semble vouloir s'imposer, des impressions nouvelles qu'on veut accréditer, il est évident que le Crédit mobilier ne consentirait pas aujourd'hui aussi facilement que dans le passé, à favoriser aux compagnies la réalisation des grands capitaux.

J'arrive maintenant à examiner la différence que l'auteur de la brochure établit entre la Caisse générale des chemins de fer et les maisons de banque Rothschild, Mallet, Hottinger, Dassier, Seillière, Marcuard et Pillet-Will, — qui, dit-il, « ne connaissent pas la convention du » compte courant dont l'invention est tout à fait nou- » velle. »

S'il pouvait y avoir quelque doute dans mon esprit sur le caractère loyal et honnête des pratiques de la Caisse générale des chemins de fer et que je voulusse repousser d'une façon absolue cette analogie et cette assertion, je pourrais objecter que les maisons de banque citées par la brochure anonyme ne représentent que des individualités, riches sans doute, mais qui ne disposent pas d'un capital social affecté à des avances; je pourrais ajouter que ces maisons de banque ne sont pas régies par des statuts qui déterminent leurs opérations, et que leur constitution commerciale repose uniquement sur leur honorabilité, sur la confiance qu'elles inspirent et sur la richesse qu'on leur suppose; que dès lors les règles suivies dans ces maisons peuvent différer de celles adoptées dans des établissements financiers, ayant des statuts spéciaux et des capitaux affectés à tel ou tel usage; que le rapprochement est, au contraire, tout à fait logique et naturel entre ces maisons de banque et les banquiers Pegot-Ogier, Serre et Lévêque, parce que ceux-ci, comme leurs confrères, n'avaient ni statuts qui les obligeassent, ni capitaux spéciaux. Mais quoique cette observation suffise pour repousser par une sorte de question préalable la comparaison que l'auteur anonyme a faite entre ces banquiers et la Caisse des chemins de fer, je la discuterai néanmoins afin de démontrer que les maisons de banque les plus honorables, ont toujours considéré au même point de vue que la Caisse des chemins de fer, les valeurs au porteur qui ne sont pas spécialisées par des numéros.

Il est donc utile de rappeler que si ces maisons de banque, dont l'honorabilité est signalée par l'anonyme, ne font pas au moyen d'annonces des avances sur remise de valeurs, comme MM. Pegot-Ogier, Serres et Lévêque, ces banquiers font néanmoins des avances sur titres, puisqu'ils reçoivent chaque jour, comme les agents de change, ordre d'acheter des valeurs ; la plupart du temps, les remises qu'on leur fait pour solder ces achats sont insuffisantes. De là naît un compte courant, qui a nécessairement la même forme et produit la même conséquence que le compte courant résultant des avances sur titres, puisque dans les deux cas le banquier ouvre à son client, un compte au crédit duquel il porte la somme reçue et au débit la somme payée pour achat des titres.

Évidemment le banquier, tant qu'il n'aura pas reçu le complément de la somme nécessaire pour solder les titres, ne fournira pas à son client les numéros des actions; dès lors la situation du banquier n'est-elle pas identique avec celle de l'établissement qui a fait des avances sur titres ? Le banquier débiteur des titres et créanciers du solde du prix peut-il disposer des valeurs ? Les jurisconsultes répondent affirmativement, et dans la pratique j'affirme que les banquiers ne considèrent ces titres ni comme un dépôt ni comme un nantissement. J'affirme en outre que leur opinion à cet égard est si formelle qu'ils ont toujours cru avoir le droit de disposer de cette nature de titres, et ils ont raison, car en définitive ils ne deviennent réellement débiteurs du titre qu'au moment où on leur en solde le prix intégral. Et s'ils en disposent avec la conviction qu'ils sont dans leur droit, peut-on leur reprocher d'en faire une vente définitive ou provisoire, comme par l'opération connue sous le nom de report? Peut-on leur reprocher davantage de disposer de ces titres pour une spéculation personnelle, parce qu'ils auront supposé que telle valeur est susceptible d'une plus forte hausse que telle autre, et qu'ils auraient vendu l'une pour la remplacer par une autre valeur?

Je ne saurais préciser les mille et une circonstances qui peuvent se présenter et dans lesquelles les banquiers utilisent comme valeurs de portefeuille les titres au porteur à leur disposition; mais j'affirme que les banquiers, tant qu'ils n'ont pas reçu leur remboursement intégral, c'est-à-dire la somme totale représentant la valeur des titres qu'ils ont achetés pour compte, et, en outre, tant qu'ils n'ont pas remis les numéros des titres, croient avoir le droit de disposer de la chose et en disposent de très-bonne foi.

Quelle différence y a-t-il entre ce compte courant et le compte courant par suite d'avances directes? Aucune, au point de vue de la question que je traite; il y en aurait une cependant sous un autre rapport, car les banquiers ont acheté en vertu d'ordres qui équivalent à un mandat, et l'achat, à certains égards, fait pour compte et par ordre, rendrait peut-être la disponibilité du titre moins justifiable que dans le cas où se trouvait la Caisse des chemins de fer, qui ne donnait aux emprunteurs qu'un simple reçu sans indication de numéros, reçu qui n'était même pas fait en double et qui ne stipulait aucune condition ni aucune époque de remboursement, puisqu'il se bornait à constater la remise d'un nombre de titres de telle ou telle nature.

Après avoir admis l'hypothèse d'un achat par ordre et

avec une somme insuffisante pour solder les valeurs, je passe à une seconde hypothèse plus grave, celle d'un achat pour compte avec une somme suffisante pour solder intégralement les valeurs.

Dans ce second cas, si le banquier n'a pas remis à son client les numéros de ses titres, de telle façon que ces titres étant individualisés ne puissent plus être remplacés par d'autres, puisqu'il n'y a pas d'autres actions portant les mêmes numéros, j'affirme que, dans ce cas encore, les banquiers ont toujours cru de bonne foi pouvoir disposer des titres, et que, soit par des reports pour profiter provisoirement des fonds, soit parce que ces titres, rares sur la place, offrent quelquefois, quand on les prête, un bénéfice connu sous le nom de déport, soit enfin pour toute autre cause licite, les banquiers, jusqu'à l'époque où le procès qui m'a été fait a été jugé, tous ces banquiers, dis-je, sans exception, croyaient de bonne foi que ces titres pouvaient faire l'office de la monnaie, ils se les prêtaient mutuellement, comme les agents de change entre eux, parce qu'ils les considéraient comme des billets de banque : ils en disposaient en un mot, jusqu'au jour où leurs clients demandaient le numéro de leurs actions; dans ce cas, et alors seulement, les titres prenaient le caractère de dépôt ou de nantissement, et le respect de la chose devenait un devoir rigoureux.

C'est en effet ainsi que cela se passait à la Caisse générale des Chemins de fer ; l'arrêt de la cour de Douai le constate en termes formels en rappelant, dans un considérant, que cet établissement financier avait une caisse de dépôts, et qu'à l'époque de l'arrestation de Mirès, l'état dressé par les liquidateurs constate que 478 clients avaient remis 7,112 titres, dont la caisse avait donné des reçus indicatifs de leurs numéros, *dépôts*, dit l'arrêt, *que le gérant a scrupuleusement respectés.*

L'auteur de la brochure, après avoir essayé d'altérer le véritable caractère des opérations qui résultent du commerce des valeurs mobilières, en produisant de fausses analogies ou en n'indiquant pas celles utiles à connaître, déclare, avec quelques auteurs qu'il ne cite pas, que le contrat de compte courant ne peut naître entre les correspondants.

L'auteur, après avoir posé ces prémisses si sages et si prévoyantes pour les sociétés modernes, qui vivent du travail, c'est-à-dire par le capital et le crédit, dès lors par les richesses mobilières, ajoute :

« Rien n'empêche non plus que, dans une autre hypothèse, la propriété des titres étant dès l'origine cédée par le client au banquier, celui-ci, débiteur du prix convenu, ne dispose du titre suivant sa volonté et son intérêt particulier ; mais dans ce cas, il faut qu'au moment de la remise des titres un prix leur ait été donné, et c'est ce prix qui, seul, peut et doit figurer au compte courant. Dans cette dernière espèce, les coupons et le remboursement éventuel des actions et des primes appartiennent au banquier, puisqu'il est acheteur.

» Tout ce qui précède est fort simple et ne peut donner lieu à difficulté ; mais le contrat, tout nouveau en pratique aussi bien qu'en théorie, qui, suivant la cour de Douai, est intervenu entre M. Mirès et ses clients, ne rentre dans aucune des deux espèces que je viens de prendre pour exemple ; ce contrat peut se formuler ainsi :

« Je vous ouvre un certain crédit ; je vous ouvre ce crédit en » compte courant.

» Pour me couvrir de mes avances, vous remettrez entre mes

» mains un certain nombre d'actions ou d'obligations de telle ou » telle compagnie.

» Je pourrai disposer de ces actions comme bon me semblera, » les vendre, les racheter, les revendre encore, le tout dans mon » intérêt particulier [1], sans que je doive jamais porter au crédit » de votre compte le fruit de ces diverses opérations. Je ne » suis tenu de vous créditer que du montant des coupons échus, » au fur et à mesure, non point de l'encaissement qui ne vous » regarde point, mais de l'échéance ; il va de soi que si, pen- » dant la durée du compte courant, l'un de vos titres est amorti » et remboursé, avec ou sans prime, je profiterai seul de ce » remboursement.

» Quand nous voudrons, l'un ou l'autre, mettre fin à la situa- » tion que nous crée ce contrat, vous me rendrez, avec les in- » térêts, l'argent que je vous aurai avancé ; je vous remettrai, » non point individuellement les titres que je reçois, mais un » égal nombre de titres de la même espèce. Si vous ne pouvez » me rembourser, je garderai les titres, et leur valeur, au cours » du jour de notre règlement, sera passée à votre crédit ; après » quoi vous serez créditeur pour solde, suivant l'éventualité. »

Les deux hypothèses posées par l'auteur se résument ainsi :

1re hypothèse : un banquier reçoit un titre *en dépôt* contre avance de fonds, et n'en a pas dès lors la libre disposition. Il est évident que s'il y a dépôt il ne peut en disposer, mais s'il n'y a ni dépôt, ni nantissement ?

2e hypothèse : un banquier achète les titres à son client, c'est le seul cas où il en ait la libre disposition.

[1] Quelle bonne foi ! *Toujours l'auteur oublie que j'étais sans intérêt,* il oublie aussi les statuts de la Caisse générale des chemin de fer et son capital réalisé de 50 millions.

Ainsi d'après l'auteur de la brochure, les valeurs mobilières sont rayées du nombre des valeurs sur lesquelles le commerce peut s'exercer, sur lesquelles les capitaux peuvent fonctionner, et pour peu qu'on prenne à la lettre le raisonnement de l'anonyme, on arrivera à *l'immobilisation* des valeurs *mobilières*.

Sans m'arrêter à toutes ces conséquences du raisonnement invoqué par l'auteur anonyme, je demanderai où est l'inconvénient, l'immoralité du contrat tel que celui qu'il suppose intervenu entre la Caisse générale des chemins de fer et les clients ? quel est l'avantage particulier de la Société, quel est le préjudice pour les clients ?

J'ai indiqué plus haut que les avantages de ce contrat sont tous au profit des clients ; quant à la moralité de l'acte, en est-il de plus licite ? Non, me répondra-t-on, mais à une condition, c'est que l'adhésion des parties soit réellement exprimée dans les actes.

Ce serait donc dans l'insuffisance du récépissé délivré par la Caisse générale des chemins de fer que serait le tort, l'unique tort du contrat.

Mais cette insuffisance qui donc peut l'invoquer, est-ce le prêteur ou le provocateur du contrat ? Evidemment ce n'est pas ce dernier qui peut réclamer, puisqu'il est venu solliciter des avances et qu'il a accepté sans observation le récépissé ; il savait en outre que la Caisse n'acceptait que des titres au porteur.

Si l'auteur anonyme n'avait pas été sous une influence excessive, il aurait considéré que les seuls témoins entendus dans l'expertise sont ceux qui avaient été compris dans la mesure générale du 30 avril 1859, parce que généralement la valeur de leurs titres ne représentait plus le montant de leur débit, et que les prévisions de la guerre allaient aggraver leur situation.

Or tous ces témoins étaient intéressés à ma condamnation, et leur langage se ressentait naturellement de leur situation personnelle et des espérances que l'instruction avait fait naître.

Mais si l'expertise avait été faite à charge, à décharge des centaines de témoins désintéressés auraient formellement déclaré qu'ils avaient entendu le compte courant comme l'avait pratiqué la Caisse générale des chemins de fer, et qu'en recevant des récépissés sans indications de nature à individualiser les titres, ils savaient qu'ils devenaient seulement créanciers de titres de même nature.

Je pourrais, au point de vue de la moralité de mes actes, ajouter que, tandis que les banquiers agissent dans leur intérêt personnel, les directeurs de la Caisse générale des chemins de fer n'agissaient que dans l'intérêt de leurs actionnaires ; l'accusation elle-même l'a reconnu.

Je pourrais faire remarquer que toujours les titres ont été rendus à bureau ouvert, qu'aucun préjudice n'a été éprouvé par personne, puisque, même après ma catastrophe, tous les clients en compte courant ont reçu pleine et entière satisfaction.

Pour la saine et exacte appréciation des faits il serait utile d'ajouter enfin, que les avances en compte courant n'étaient pour la Caisse des chemins de fer qu'un ordre d'affaires sans aucune importance, car elle a opéré sur des milliards, tandis que ses avances sur titres, dans une période de cinq années, de 1856 à 1860, ne représentent qu'une somme d'environ *dix millions !...*

Ne pourrai-je pas invoquer cette considération si grave

que les titres n'ont pas été vendus pour bénéficier de la différence du prix, qu'ils ont fait dans la société l'office de valeurs de portefeuille selon les besoins sociaux, puisque l'expert qui, grâce à une comptabilité d'une exactitude rigoureuse, a pu suivre l'entrée et la sortie de ces titres, n'a pu constater la vente d'un seul !

Mais tout cela m'entraînerait au delà des limites que je me suis tracées, je n'ai voulu que réfuter des erreurs d'appréciation et repousser de perfides insinuations contre mon honneur et ma considération, insinuations perfides, systématiquement préméditées pour agir dans l'opinion au profit de passions dont je reconnais ici l'ouvrage.

J. MIRÈS.

P. S. Ces lignes étaient écrites, cette brochure allait paraître lorsque, le 19 juin, les journaux judiciaires ont publié un jugement rendu le 16 du même mois, par le Tribunal de Commerce de la Seine, sous la présidence de M. Denière.

Ce jugement change la jurisprudence adoptée par le Tribunal de Commerce, est en contradiction flagrante avec l'arrêt de la Cour de Douai. Enfin, ce jugement est la mise en pratique de la doctrine défendue par la brochure anonyme à laquelle je réponds.

L'esprit public fera naturellement un rapprochement entre cette brochure, ce jugement et le pourvoi formé par le garde des sceaux, contre l'arrêt de la Cour de Douai.

Si la situation personnelle et exceptionnelle qui m'est

faite m'impose une extrême réserve, cette réserve ne peut aller jusqu'à laisser passer, sans y répondre, les erreurs judiciaires qui se produisent dans de semblables circonstances, et les honnêtes gens m'approuveront de ne reculer devant aucun débat pour défendre mon honneur, l'honneur de ma famille.

Voici le fait qui a donné naissance au jugement qui vient d'être rendu par le Tribunal de Commerce.

Un sieur Platel avait emprunté, en novembre 1856, à la Caisse générale des chemins de fer, une somme de 10,000 fr., sur remise de 25 actions des chemins de fer autrichiens. Une baisse constante avait suivi cette remise sans que ce client ait songé à niveler son compte, et le 30 avril 1859, le capital qu eces 25 actions représentaient ne s'élevait plus qu'à une somme d'environ 8,000 fr., et l'avance faite était cependant de 10,000 fr.

A cette époque, la guerre éclatait précisément avec l'Autriche. Prévoyant une baisse, qui eût été en effet effrayante, surtout sur cette valeur, si la guerre eût eu les conséquences logiques que chacun prévoyait, la Caisse générale des chemins de fer fit la liquidation d'office d'une partie de ses clients, et par suite M. Platel resta débiteur d'une somme de fr. 1,693 15 c.

M. Platel accepta cette liquidation, dont la baisse qui continua justifiait les prévisions.

M. Platel fit plus, il demanda un délai pour se libérer, et la Caisse générale des chemins de fer ne lui réclama pas le solde de son compte.

Tel était l'état des choses lorsque M. Platel fut instruit par M. le juge d'Instruction que ses titres avaient été vendus moyennant un prix de 19,950 francs, que par conséquent il avait été trompé et qu'il avait éprouvé un préjudice d'environ onze mille francs.

Où M. le Juge d'instruction a-t-il puisé cette allégation? En consultant l'annexe principale de l'expert Monginot.

Or, cette annexe principale contient l'énoncé de mille à onze cents ventes signalées par cet honorable expert, et il a été enfin reconnu, constaté devant la Cour de Douai, que les ventes signalées par l'expert Monginot étaient toutes, sans exception, de pure invention, et que ce travail était le fruit d'une comptabilité fabriquée par cet expert, comptabilité qu'il avait substituée à celle qu'il avait mission de vérifier!

Voilà quelle est l'origine du procès fait par M. Platel, voilà les faits qui ont été portés à la connaissance du Tribunal de commerce, faits corroborés par les livres qui sont à sa disposition, et dans lesquels les juges ont pu trouver l'époque de la sortie des titres comme valeur de portefeuille, et nullement comme une vente opérée, dont le produit serait entré dans la Caisse sociale. En un mot, les livres que le Tribunal a pu consulter prouvent que les titres étaient sortis pour être remis à d'autres clients et qu'à l'époque de cette remise le portefeuille était bourré de valeurs analogues et pour des centaines des millions.

C'est cependant sous l'influence de faits semblables que le Tribunal de commerce fait revivre le jugement rendu contre moi par le Tribunal de police correctionnelle et qu'il contredit radicalement l'arrêt rendu en ma faveur par la Cour de Douai.

Pour que chacun puisse apprécier le double caractère du jugement du Tribunal de commerce et de l'arrêt de la Cour de Douai, je vais rapprocher ces deux décisions, l'une de l'autre.

Le Tribunal de Commerce :

« Attendu que les liquidateurs opposent à la demande : 1° que Platel a accepté sans protestation l'exécution consommée par Mirès et Ce le 3 mai 1859 ; qu'il ressort conséquemment débiteur de 1,693 fr. 15 c.; 2° qu'ils offrent subsidiairement vingt-cinq actions autrichiennes contre payement de 9,093 fr. 75 c., valeur au 1er mai 1862 ;

» Sur le débit de 1,693 fr. 15 c. :

» Attendu qu'il résulte des livres et écritures de Mirès et compagnie, que l'annonce faite à Platel, le 3 mai, de la réalisation de ses valeurs était mensongère ; que Mirès et Ce ne possédaient plus à cette date les titres qu'ils déclaraient vendre ; qu'en simulant sous le nom d'un tiers une opération de vente et d'achat avec bordereau d'agent de change, les gérants de la Caisse ont trompé la bonne foi de Platel, et déterminé par cette manœuvre son acquiescement ; que les liquidateurs ne peuvent donc se prévaloir d'une ratification consentie dans ces circonstances, et qu'il s'ensuit que leur demande en payement de 1,693 fr. 15 c. pour solde doit être repoussée.

Le Tribunal dit qu'en simulant sous le nom d'un tiers une opération de vente et d'achat avec bordereau d'agent de change, les gérants ont trompé la bonne foi de Platel.

Vraiment il est douloureux d'être dans la nécessité de relever une erreur aussi radicale que celle qu'a commise le Tribunal par cette allégation !

Je regrette de le dire, mais j'affirme que le Tribunal ne saurait démontrer que, dans une circonstance quelconque, l'opération de comptabilité représentée par le bordereau d'agent de change ait été communiquée ou connue d'un seul client.

Or, si jamais ces bordereaux d'agent de change n'ont

été ni invoqués, ni communiqués, comment la bonne foi de M. Platel a-t-elle pu être surprise? Evidemment l'erreur du Tribunal de commerce ne peut s'expliquer que parce qu'il avait dans ses souvenirs le jugement du Tribunal de police correctionnelle qui, en effet, a apprécié les faits de la même façon : certainement, si les juges consulaires avaient eu sous les yeux les termes de l'arrêt de la Cour de Douai, leur opinion eût été modifiée ; voici en effet, comment le même fait est apprécié et jugé par la Cour de Douai :

« Attendu que si, les 30 avril, 2 et 3 mai 1859, Mirès a vendu fictivement à la Bourse les titres de 333 clients dont s'agit pour pouvoir régler avec eux au cours de cette époque, sans aucun avis ou mise en demeure, c'est là sans doute un acte irrégulier engageant sa responsabilité civile...

» Que, pour bien apprécier cette circonstance, il faut se reporter aux événements graves qui ont signalé la fin d'avril et le commencement de mai 1859 ; qu'en effet, l'imminence de la guerre avait entraîné à la Bourse une baisse considérable ;

» Que Mirès, en présence des avances faites à ses clients, et montant à 8 millions 568,000 fr. sur des titres dont la valeur totale n'était que de dix millions, avait lieu de craindre que, la baisse continuant, toute la valeur de ces titres ne fût bientôt absorbée et même dépassée, ce qui eût exposé la Caisse à un découvert considérable ; que l'on conçoit dès lors la nécessité pour lui de liquider sans retard, puisqu'en vertu du compte courant et à défaut de stipulation d'échéance fixe, les parties contractantes pouvaient régler à volonté ;

» Qu'en exécutant ses clients au cours du jour, il eût fait en réalité, si la baisse avait continué, une opération avantageuse dont ils lui eussent su gré plus tard au lieu de s'en plaindre, puisque la continuité de la baisse, loin de leur préjudicier, les sauvait d'une perte plus forte, et qu'en cas de hausse ils conservaient la faculté de demander l'annulation de la vente;

» Que Mirès croyait si bien à la guerre générale et à la persistance de la baisse, qu'il a fait alors une opération importante à la baisse pour son compte personnel;

» Que son tort consiste à avoir voulu *s'affranchir*, par la circulaire adressée à ses clients, de *la mise en demeure préalable* qui eût permis à un certain nombre d'entre eux, peut-être fort restreint à cause de la rareté des capitaux, de se libérer envers la Caisse et de rentrer en possession de leurs titres;

» *Que Mirès a bien compris l'irrégularité de cet acte, qu'il a réintégré la plupart des exécutés, même avant la dénonciation dont il a été l'objet:* qu'à l'époque de son arrestation, ceux qui n'avaient pas encore été replacés dans leur situation première devaient l'être en vertu des ordres formels qu'il avait donnés;

» Attendu, enfin, que la lettre circulaire, voulant persuader aux clients que leur liquidation au cours du jour était une mesure de sûreté, Mirès n'était point dans l'erreur, puisque la baisse a continué jusqu'au 7 mai, et qu'on croyait sérieusement à la Bourse qu'elle se prolongerait encore.

Je continue la comparaison; le Tribunal de Commerce:

» Sur les conclusions subsidiaires des liquidateurs:

» Attendu que, pour apprécier les offres faites par les liquidateurs, il y a lieu de déterminer le caractère du contrat intervenu entre Mirès et Ce et Platel; que le caractère de ce contrat ressort de la commune intention des parties;

» Attendu que l'on ne peut admettre, en dehors des conventions expresses, que Platel ait entendu aliéner la propriété des titres remis à Mirès et Ce; qu'en opérant cette remise contre avances à lui faites, le demandeur a contracté dans les termes des Statuts de la Caisse, annonçant qu'il était prêté sur dépôts de titres; que les gérants ont donné au contrat une exécution conforme à l'intention du déposant aux termes des Statuts ; qu'ils ont, jusqu'au jour de la vente des titres, inexactement annoncée, porté au crédit de Platel les intérêts et dividendes perçus, et à son débit les commissions d'encaissement, et ont ainsi implicitement reconnu que les 25 actions autrichiennes déposées n'avaient pas cessé d'être la propriété du demandeur; que cette interprétation donnée par les gérants est encore établie par le fait de Mirès, *restituant spontanément à divers exécutés, sur les réclamations, les titres qu'il reconnaissait ainsi n'avoir pas eu le droit de vendre.*

Où donc le Tribunal a-t-il découvert la commune intention des parties qui seule pouvait constituer le contrat de nantissement?

Dans quel document, dans quelle pièce?

Il ne l'a découvert que dans le jugement du Tribunal de police correctionnelle !

Quant aux faits, quant à l'arrêt de la Cour de Douai, ce sont lettres mortes pour le Tribunal de commerce !

Et cette autre erreur que le Tribunal a commise, en disant qu'en restituant spontanément à divers clients, sur leurs réclamations, les titres, *je reconnaissais que je n'avais pas eu le droit de vendre.*

Le Tribunal a oublié d'ajouter ces quatre mots: *sans mise en demeure,* qui changent complétement le caractère de la réintégration des clients exécutés.

Si le Tribunal de Commerce avait lu l'arrêt de la Cour de Douai, il n'aurait pas commis une méprise aussi grande, puisqu'il aurait eu connaissance de ce considérant :

« *Que Mirès a si bien compris l'irrégularité* de cet acte
» (la vente sans mise en demeure), qu'il a réintégré la
» plupart des exécutés, même avant la dénoncia-
» tion..... »

Malheureusement pour moi, les juges consulaires n'ont pas connu l'arrêt de la Cour de Douai, et ils n'ont eu dans la mémoire que le jugement du Tribunal de police correctionnelle, puisqu'ils en ont reproduit l'esprit et pour ainsi dire les termes.

Le Tribunal aborde enfin la question qui semble dominer dans certaines régions judiciaires, la *question du compte courant*, et il la résout comme le Tribunal de police correctionnelle.

Qu'on en juge en lisant la suite et la fin de ce jugement qui, je l'espère, restera dans les souvenirs, comme l'erreur la plus inconcevable dans une affaire si exactement connue, dans cette affaire que l'arrêt de la Cour de Douai a si nettement éclaircie, arrêt dont évidemment le Tribunal n'avait pas connaissance lorsqu'il rédigeait les considérants suivants :

« Atttendu qu'il résulte de ce qui précède, que le contrat intervenu entre Mirès et Ce et Platel constituait dans la commune intention des parties un véritable contrat de nantissement; que le caractère légal de cette convention n'a pu être modifié ni par la délivrance du récépissé ne constatant pas les numéros des valeurs remises, ni par le compte courant dont l'ouverture était nécessaire pour établir la situation respective des parties;

» Attendu que Mirès et Ce, dépositaires, n'avaient pas le droit, sans mise en demeure préalable, de disposer des 25 actions autrichiennes dont ils étaient nantis; qu'en vendant ces valeurs indûment à une date antérieure au 3 mai 1859, ils sont devenus comptables vis-à-vis de Platel, soit de leur prix au moment de la mise en gage, soit du produit de la réalisation, au choix du déposant;

» Attendu dès lors que les offres des liquidateurs de restituer à Platel des titres pareils à ceux reçus de lui ne sauraient être accueillies; que la restitution offerte aurait pour conséquence, à raison des cours actuels, de faire profiter la Caisse de la plus-value de l'opération réalisée sans droit avec les titres de Platel, et de mettre aux mains de ce dernier des actions d'une valeur inférieure à celle constatée au jour du dépôt; qu'un pareil résultat est inadmissible;

» Attendu qu'il suit de ce qui vient d'être dit, qu'il y a lieu, faisant droit à la demande de Platel, d'appliquer à son crédit le prix des 25 actions autrichiennes dont s'agit au cours du jour de la remise, et de condamner conséquemment les liquidateurs à lui payer la somme de 9,950 fr. pour solde;

» Par ces motifs,

» Condamne les liquidateurs, par les voies de droit, à payer à Platel la somme de 9,950 fr., avec les intérêts, suivant la loi;

» Déclare les liquidateurs non recevables, en tous cas mal fondés dans leurs fins et conclusions, les en déboute, et les condamne aux dépens.

Voici, sur ces mêmes points, comment s'exprime l'arrêt de la Cour de Douai ·

« Attendu que ces clients n'avaient obtenu des avances d'argent que contre la remise de leurs titres, dont les employés de la caisse leur donnaient un récépissé n'indiquant que le genre et le nombre et jamais les numéros; que ces derniers ouvraient aussitôt sur les livres un compte courant sur lequel on créditait les clients des coupons afférents à leurs titres, en les débitant des sommes qui leur étaient avancées et des intérêts;

» Que certains clients qui, après s'être libérés vis-à-vis de la Caisse, n'avaient pas reçu les titres mêmes déposés par eux, mais d'autres du même genre, ont recommencé plus tard à remettre de nouveaux titres contre de nouvelles avances, ce qui implique qu'ils n'avaient pas eu l'intention de faire un véritable dépôt, puisque, connaissant à cet égard les habitudes de la Caisse, ils auraient exigé alors un reçu indiquant les numéros ;

» Attendu, quelle que fût d'ailleurs l'intention des clients, que celle de Mirès était indispensable pour constituer le dépôt, puisque ce contrat ne peut résulter que de la réunion des deux volontés du déposant et du dépositaire, et que nul ne peut être dépositaire malgré lui.

» Attendu, en ce qui concerne l'intention de Mirès, que les récépissés donnés par des employés n'énonçaient pas les numéros des titres et qu'on y lisait seulement : « Reçu (par exemple) dix Mobilier, dix Nord, » sans les spécifier ni les décrire individuellement ;

» Que ces récépissés contenaient une colonne distincte intitulée « désignation » et qu'on n'y mentionnait jamais que le nombre et le genre des titres, ce qui exclut la possibilité d'une négligence ou d'un oubli qui n'aurait d'ailleurs pu se reproduire invariablement dans tous les récépissés depuis huit ans ;

» Que c'est précisément dans les énonciations de cette colonne que se révèlent la nature et la portée de l'obligation qu'entendait contracter Mirès ;

» Que ce mode de procéder avait été introduit dans la Caisse dès sa première formation au capital de douze millions, par ses premiers gérants Blaise et Solar ; que Mirès, devenu gérant, n'a fait que suivre les mêmes errements ;

» Que d'ailleurs cet usage n'est pas particulier à la Caisse générale des chemins de fer, puisqu'il existe également dans d'autres établissements de crédit, qui ne donnent de récépissés indicatifs de numéros des titres qui leur sont remis que lorsqu'on en exige ; qu'à défaut de reçus spécifiant les numéros, ces établissements disposent des titres comme de choses fongibles ; d'où la conséquence que c'est l'indication du numéro qui forme, de part et d'autre, le contrat de dépôt ;

» Que cet usage s'explique par la raison que des banquiers prêtant de l'argent à 5 0/0, ce qui est leur prix de revient, et s'engageant par l'exception des titres à toucher les coupons au fur et à mesure de leur échéance, s'ils devaient immobiliser dans leurs caisses les titres qui leur sont remis, ne retireraient aucun profit de cette opération ; qu'elle leur deviendrait même onéreuse, ce qui serait contraire à la constitution des maisons de banque, puisqu'elle se résoudrait pour elles en un établissement de prêts sur gages, c'est-à-dire en une succursale du mont-de-piété ;

» Que, pour éviter cette conséquence, toutes les maisons de banque et de crédit exigent toujours des déposants qui réclament des récépissés indicatifs des numéros un bon de circulation représentant la valeur des titres, et dont l'effet immédiat est de mettre cette valeur à leur disposition ;

» Attendu que Mirès n'a contracté d'autre engagement que celui résultant de son récépissé, lequel est à la fois la preuve et la constatation écrite de son obligation personnelle ; qu'aucun doute n'est possible à cet égard par les raisons ci-dessus déduites, et en outre par cette circonstance que la Caisse exigeait toujours des clients une procuration et un transfert en blanc, quand ils déposaient des titres nominatifs sur lesquels ils demandaient des avances ;

» Qu'il résulte de tout ce qui précède que Mirès ne se considérait, à bon droit, que comme débiteur de titres du même genre ; qu'il pouvait, dès lors, disposer des titres déposés, sauf à en remettre de semblables à ses clients le jour où ceux-ci voudraient régler leur compte ;

» Qu'il suit encore de là qu'il ne pouvait être débiteur du prix du titre ou de la différence du prix entre le jour où il l'avait reçu et celui du règlement qu'autant qu'il en aurait disposé indûment, ce qui n'est pas, puisque, devenu propriétaire des titres *in genere*, il n'était strictement tenu qu'à rendre des titres semblables, le jour où il réglait, quelle que fût la cote de la Bourse ;

» Qu'il devient indifférent de savoir l'époque précise où Mirès en a disposé et comment il en a disposé, puisqu'il avait le droit de le faire à partir de leur remise ;

» Attendu que ce récépissé, ne contenant aucune description du titre déposé, excluait tout néantissement, et que dès lors le délit d'escroquerie n'a plus de base ;

» Que cette appréciation est encore confirmée par le compte courant ouvert entre Mirès et ses clients, à dater de ses avances et de la remise des titres ;

» Que le compte-courant, constituant deux négociants respectivement créancier et débiteur l'un de l'autre, par un échange continu de titres et de valeurs, revêt, par la continuité même de ses opérations, de l'avis des auteurs comme de celui des magistrats, le caractère d'un véritable contrat ; qu'il n'est donc pas un simple cadre de comptabilité ; que lorsque des opérations de même nature interviennent entre un banquier et un simple particulier, elles entraînent les mêmes relations, et font naître le même contrat ;

» Attendu qu'à ce point de vue de l'intention frauduleuse, le délit d'escroquerie n'a pas non plus de base ; qu'en effet, Mirès n'a pu vouloir s'approprier la fortune d'autrui, puisqu'il agissait suivant le mode suivi avant lui, adopté par d'autres établissements de crédit, et qu'il croyait de son droit, comme le démontre la forme des récépissés.

» Que son intention peut d'autant moins être suspectée à cet égard, qu'il avait une caisse de véritables dépôts, pour lesquels il recevait un droit de garde, et lors de son arrestation, d'après l'état dressé par les liquidateurs, 7,112 titres nominatifs déposés par 478 clients, dont la Caisse avait donné des reçus indicatifs de leurs numéros, et qu'il a scrupuleusement respecté ces dépôts.

Est-il utile de rappeler l'arrêt rendu par la Cour impériale de Paris, le 25 mars 1862, qui méconnaît ce principe de droit, que le criminel tient le civil en échec, arrêt qui semblait vouloir s'imposer à la Cour de Douai?

Est-ce qu'il est nécessaire de rappeler que la question que le Tribunal de commerce a jugée le 16 juin est déférée à la Cour de cassation et qu'elle sera tranchée le 26 de ce mois?

J. MIRÈS.

Paris. — Imprimerie VALLÉE et Ce, rue Breda, 15.

www.ingramcontent.com/pod-product-compliance
Ingram Content Group UK Ltd.
Pitfield, Milton Keynes, MK11 3LW, UK
UKHW032009260826
14628UKWH00005B/2381

9 782011 758309